Ismael Glaf
BUENOS
AIRES
POETRY
Una casa en la grieta
PIPPA
PASSES

Ismael Glaf
*UNA CASA EN LA GRIETA*
Buenos Aires Poetry, 2024
52 p.; 15.24 x 22.86 cm
ISBN 978-987-8470-76-4
Poesía Mexicana



Editorial ©Buenos Aires Poetry

Colección ©Pippa Passes

Diseño editorial ©Camila Evia

**BUENOS
AIRES
POETRY**

BUENOS AIRES POETRY

editorial@buenosairespoetry.com

www.editorialbuenosairespoetry.com

www.buenosairespoetry.com

# Ismael Glaf

BUENOS
AIRES
POETRY

*Una casa en la grieta*

PIPPA
PASSES

≈

*RINCONES evidentes*    p. 11

*RINCONES ( − )*    p. 15

*RINCONES abismales*    p. 19

*RINCONES peques*    p. 23

*RINCONES ( ; )*    p. 27

*RINCONES vislumbrados*    p. 31

*RINCONES del éter*    p. 35

*RINCONES anquilosis*    p. 39

*RINCONES en versos cuarteados*    p. 43

≈

Sobre el autor    *p. 51*

Ismael Glaf

*

# *UNA CASA EN LA GRIETA*

*

*En el* wonderland *de mi alcoba se amontona el* atrezzo *de los rapsodas.*
*Aún queda espacio para la excentricidad.*

Beatriz Russo

*RINCONES* evidentes

HE NOTADO cómo la ausencia humedece las paredes

otra mensualidad se acumula a mi deuda hipotecaria

pero el techo reluce
y la jerga está dispuesta
a enturbiar la polícroma insolvencia
que adolezco

LA CASA está marchita     el menaje ya murió
volví como conjuro

llora la polvareda     florece el excusado
timbran mis pasos exánimes

odio estos rincones

rechina la antigua soledad
mi afonía suplicante
el gozne entre el ahora y
cuando mi angustia trasnochaba

y la familia
la familia era disforia

deliran las cortinas     sahúmo mi presencia
busco congregar a mis preciados recovecos

restaurarme

y contraer la promesa de alojamiento
por domesticidad
de los fantasmas

# *RINCONES ( − )*

QUE NO LLEGUE

NO VENGA

NO ENTRE

QUE NO ROMPA EL CANDADO

NO ME VEA

NO ME OIGA

NO ME TOQUE

QUE NO ME DESAPAREZCA

MÁS

TAMBIÉN SOY MUGRE estrías huesos ingrávidos
soy efusiones de ruido uñas mordidas capricho tatuado
      vergüenza
      polvo de costras


soy pringue de anhelos olor de pereza pasiones turbias
      soy decir
      efectos al decir
      soy desdecir
      en efecto
      soy defecto


y angustia dependencia al azúcar fealdad funcional
crónicas de mi nombre degradado tras esta puerta
      soy distracción
      soy condición
      alusión de otras siluetas
      con sus deformidades


soy quien admira a quienes lucran con mi nimiedad cuando
                subsisto


          el espejo habla claro


    ¿existo?                           resisto

ESE NIÑO
sus no-juguetes
sus no-padres
perímetros del miedo

la casa inmortal
mil pecados por escondite
acechos tangibles

ese credo
polifonía que defeca
justificaciones
sobre el dolor umbilical

infamias en collage
azar de cuna
presente continuo

ese sobresalto
plan que incendia
la resonancia
de los apellidos miserables

rencor el verbo
pesadilla en sólido
que perfora cualquier cama

      ese no-niño
su cuestión de plenitud
loft perla negra
noches de oficina
en Ciudad Anhelo

resistencia a tragos
de adulterado catecismo


      esa desnudez
suya y descarnada
la sobriedad
como almohada en llamas

un hecho


      esos rincones
cuentan así
que apareció
una casa
en una grieta

*RINCONES* abismales


ASÍ


BÉSAME

PÍSAME

PÉSAME


ASÍ


MÁS

INCORDIO

UN POCO MÁS


MENTIRAS


Y


MÁS


SECRETOS

ME SIGUIÓ a mi nueva casa
el sedimento de furia
que malformó cada giro
de la otra llave

cupo en mi nueva casa
tu montaña

lo sé ahora que escalo
su vertiginosidad

la cima es mi única caja de mudanza
aquí sopla el eco
de nuestras cópulas falaces
aquí aletea la polilla
hecha del telúrico juramento
que reclamó
la precipitación de las nupcias

oro falso

por minar nuestras ofrendas

a la soltería

domada

PIENSO EN AVES de bestiario
en el vigor de los órganos de mi liviandad

pienso y me obligo desaprender
la monogamia
la fisión de los barrotes alrededor de esta jaula
donde se enredan vestigios de lo cotidiano
volubles como el placer en desuso
causas que oxidan la resignación

el hálito del encierro es la cama perfecta
para acumular psicodelia
yuxtaposición a mi descaro:
mis amantes

lúbricas ociosidades me obligan a soñar
mis alas
de mutable mansedumbre
cada noche ellas operan igual a una brújula
o un dedo paranoico de fidelidad

pero quiero ser un ave

hablar el idioma de las plumas de mi tótem

ensuciar las sábanas que me amortajan con riesgos y amoríos

como lo dije
antes de mentir "sí acepto"

quiero ser un ave

# *RINCONES peques*

YA ME PUSE EL PIJAMA

YA APAGUÉ LA

 LUZ

CIEN

MIL

BORREGOS

BORREGOS

BORREGOS

BORREGOS

BORREGOS

DEVORADOS

TRES

AEME

MI ÁNGEL DE LA GUARDA

DEJÓ LA REGADERA ABIERTA

NO QUIERE BAÑARME

SINO COMERME

CON TODO Y PIJAMA

DE NUEVO

PERSIGO A LOS SAPOS que expulsa la olla express
mamá incorpora sus uñas sin dedos a los guantes de látex

ella se llama Culpa

frente a la tarja están los mosaicos color leche
que juntas forramos cuando me sobraba belleza

mamá me envidiaba
era enemiga de las arrugas invisibles
las suyas
vivas

aborrecía microbios pelusas hongos picor
carcajadas ronquidos
mis actos de maga ocurrente

incluso mi llanto
forma absoluta del saltar de los sapos
a los que intenté ahuyentar con ajenjo al llenarme
de las ámpulas
que me mataron

un día pinté los mosaicos con baba de crayolas
tierra ideal para las ramitas de ajenjo

y mamá enfureció
y me inyectó mucho cloro en cada horror de mi piel

higiene a pinchazos
hasta ensordecerme justo aquí donde ella sigue

impecable:
impune

EN PLENA DUCHA te pensé
colibrí

cerré la regadera
y frotándome los párpados
te pregunté si acaso provenías
de las acuarelas rotas
en la cuna
donde nuestra niña se nubló
en algodonosos murmullos

que todavía gotean
la seda
del ataúd

# *RINCONES ( ; )*

QUE DEBO TOCAR EL ÓRGANO

ENTRE LOS RECLINATORIOS


SU SOTANA ESTÁ TIESA

IGUAL QUE EL OLOR

QUE DESPRENDE

        PARA ÉL SOY

      LA VERDADERA HOMILÍA

ME DUELE EL FIN

DE MIS FINES DE SEMANA

    ME DUELE MÁS

        QUE EL PERINEO

QUE CONFIESE MIS PECADOS

QUE COMULGUE SUS BABAS CAPITALES


QUE SUPLIQUE MI INSOLENCIA

EN SU OPINIÓN

         TERSA

         INGENUA

         APETITOSA

QUE OREMOS

    MIENTRAS ÉL

    SE CONSAGRA

    EN DEFORMAR

        MIS TESTÍCULOS

        CON SU ALIENTO


    A CHICLE

SE CONSTRUYE
y derrumba
taladrando

algunos días cuelga cuadros
algunas noches espía
y durante años
no decora
no guarda decoro

le temen
las rozaduras de sus hermanitos

ellos le esconden el taladro
y ocultan cavidades

LA VENTANA sigue rota

tiembla el vacío
el vértigo acaricia
la jacaranda gruñe

entre mi respiración y el asfalto
surge el emblema
de la legión fantasmal
que es mi verdadera
      aorta
      un péndulo
      en clave
      íntima

perfecta navaja suple al borde
donde se apoya mi muñeca
tatuada con el signo punto y coma
anatema del último caos
de virtud congénita

mi frenesí se arroja ochenta metros
mi zozobra está en caída libre

existo en pospretérito
dudo hasta la vehemencia

mis células construyen futuros supeditados
sin ángulos de piedad
resonancias de un balanceo perpetuo:
      órganos al impactar
      pésames ligados a mi nombre

voyerismo
estigma

alguien me observa a ras de lástima
pienso en el universo
en la fórmula que soy
y me asomo por la ventana
	hacia la foto sobre mi columpio

## *RINCONES* vislumbrados

VEO

EL JARDÍN

VEO

AL                         GATO

VEO

AL VECINO

TRANSPARENTE COMO YO

VEO

BORROSO A PAPÁ

NO VEO

A MAMÁ

NO VEO

QUE VEO

ES UNA PENA
extrañar la lluvia

morar en la herida
que abrieron las sobremesas
de mis viejos
cazadores de dólares líquidos
cuando idealizaban
el largo x ancho x fondo

de la otra casa

la del mausoleo
que jamás pudo custodiar
a nuestros apellidos

es odioso
añorar la sed

y hundirse en este erial
que le reza a mi cuerpo
por su pronta exhumación

SURGE OTRA MANCHA viva en el resanado
       resanado que comen los tragaluces
beben luces estivales las sonrisas de la bruja
       la bruja arde, sus osarios gritan
vocean rumores, desovan leyendas
       leyendas que fermenta una familia
la familia podrida del pueblo
       pueblo con potencial turístico
turística miseria, atractivas heridas
       llagas que abarrotan las camas de motel
hoteles de óbitos diarios
       a diario patrullan las trocas

       estruendo, destrozos, toques de queda
queda una rockola y un bar
       el bar de adobe que nunca se agota
gota a gota los niños se desangran
       de sangre están asqueadas sus armas
armas que para nadie son rumores

## *RINCONES del éter*

HABÍA UNA VEZ UNOS PEQUEÑINES LLAMADOS

CLOZAPINA

FLUOXETINA

CARBAMAZEPINA

DEXEDRINA

DIAZEPAM

QUE SE ESCONDIERON EN EL VIEJO BLÍSTER DE ASPIRINAS

POR SIEMPRE JAMÁS

RÍE LA PUERTA
desea mi boca embriagarse escupir
Red Bull sorber humores descontrol
busca mi garganta eructar cordura
sin agobiar la urgencia
lucha sexo cruel deseo turgente
áspero piso hierba tequila cafeína
fosforescencias
somníferos rastros lento cobarde
lunático hedor del día tónico
glande rojo semen cuarteado
mi terca contemplación se bifurca
trescientas veces
no puedo no puedo no puedo
romper las varillas abstinentes
mil mentiras
cruda
relojes en éxtasis
enajenación parásita
la evasión ardiente

ÉL

está encerrado en su cocina sagrada     quiebra la cafetera
sorbe dimetiltriptamina para endulzar la ira     sus dientes
amasan la acústica que espolvorea imprudencia

él

enciende las hornillas     arden los utensilios y la última
porción del titubeo     cuando sus huesos están a punto
de nata su lengua difunde la receta en la humareda:

*hervir por qués*
*cuándos*
*para qués en sangre del autoengaño*
*condimentar con*
*quiénes*
*dóndes*
*cómos*
*verter los añicos de la cafetera a esta mixtura*
*y finalmente*
*agradecer a la molécula divina*
*la extirpación*
*del hambre*

*RINCONES anquilosis*


SOY FRUTA VIEJA


él es leche


ELLA ES LICUADORA


NOS ENCIENDEN


LLEGAN USTEDES


SE RÍEN


TODOS

UN LOTE allanado
donde la casa insulta
al agobio de la tierra

un terreno infestado
de cascajos
y disputas
por el título de propiedad

una plaga
de nietos voraces
excremento ajeno

ENRAIZAMOS los peldaños
como dos troncos

somos amplitud
follajes
anomalía conjunta a mitad de las escaleras

somos un bosque
que desprecia las prótesis y la conmiseración

sí        un bosque

entre olores a musgo
otras senilidades
y poéticas de conformidad

sí
somos la ostentación del olvido en un hogar de folleto

y sí
el asilo es una cuesta

donde se despeñan las vanidades
o respiramos con espíritu onanista
o nos carcomen las sorderas las resonancias del pasado

enraizamos blandiendo los bastones

no más almohadas de pañal
ni sarros de odio en nuestras bañeras
la hosquedad del geriatra al fin será abolida

somos bosque
sí
y hemos de liberar a sus guardianes

*RINCONES* en versos cuarteados

ADIVINA   ADIVINADOR   :

¿   A   QUIÉN   SONRÍEN   ESAS   GRIETAS   ?

I

LA CASA que nos echó fue un remate del Infonavit. Tenía una telaraña
gruesa y elocuente
debajo del comedor llamado abonos. Mensuales cóleras
de un papá fumigador de
las iglesias de Jesucristo de Los Santos de los Últimos Días.

II

No había timbre, sino rechinidos de goznes. Teníamos vecinos sin piernas,
o secuestradores, o los que rajaban a gritos de placer los mosquiteros.
El sudor nos despertaba. El verano interminable se creía araña de pelos
como platanares. En ningún cuarto existía ventilación artificial, sólo
mimbre de segundo uso. Nuestra fachada era igual a las demás. Sobraban
los carros de verificación amañada. Y libélulas, ranas, balones ponchados.
Asfalto cacarizo. Una de sus cuarteaduras mordió el fémur a una anciana.
Otra bebió la inundación que nos dejó animalejos adheridos a la pantalla.
El fraccionamiento donde crecimos era una estafa. Un panal de perros que
solían deshacer los pañales usados. Creíamos vivir en un paraíso cerquita
de la playa. Alacranes, botellas de Corona familiar, gente encañonada que
fingía estar de visita. Teníamos portón eléctrico, atardeceres morados, esos
que se venden como souvenirs. Mucho que decir de nada. Telarañas en
el yeso barato y en nosotros, que corríamos los domingos a la alberca llena
de nubes fastidiadas del mar.

III

La telaraña nos propuso montar una hamaca. Descansar
nuestras comezones
escuchar con atención los cuentos que le cuchicheaban las
cañerías. Ellas, aseguró,
eran los únicos caminos para cambiar de vida. Y lo comprobamos.

TIENE LA CASA
grietas suficientes para repartirlas entre mis máscaras
risa luctuosa que arrastra su velo entre los muebles
el foco esculpe los retratos post mortem de mis hijos
una lágrima mía que parece un monumento a la locura

el encierro no es un acto continuo
el encierro tiene grados de apariencia

en las alfombras ya no caben mis suspiros
sobran aquí los ramilletes de alimañas
el polvo es un anciano empeñado en tejer un pabilo
a la espera del chispazo del giro en el pomo

el temperamento del aire aprisionado
hace temblar los archipiélagos de cal
y frunce y alarga mis comisuras

la casa atesora la voluntad de sus fracturas
mis delirios están por incendiar su máscara madre

es un hecho
las visitas han llegado

NO HAY PALABRA que precise la emoción
de ver al granizo construir. Desde escoger
el dónde hasta fabricar ladrillos
organizarlos, trazar mil versiones de límites
cualidades de la protección.

[Pienso en la periferia del primerísimo esbozo del sueño de un cuerpo
|humano].

No existe capricho verbal que refiera al fenómeno
de un aguacero empapado de sol. Menos
uno que le atribuya magia
a la composición. Lo importante de esta poética pluvial
es convenir una arquitectura bajo el arcoíris:
que resguarde su concepto
que soporte variedades de ausencias
de abismo, por ejemplo, de cabida, o incluso
de infinitas unidades de trascendencia matemática:
puntos, conjuntos, formas
la ingeniería de una constelación neuronal instantánea
[una fotografía mental mía llamada *Entre cuatro paredes*].

Hablo de elementos superpuestos que obedecen a la dimensionalidad del
|espacio propio.

Mi cerebro ramifica
toda una semántica en torno al refugio. Ideas
sobre la seguridad y lo privado. Filosofías
de lo [in-di-vi-dual] imposibles de enunciar.

La densidad
de estas ideas colapsa la [fotografía *Entre cuatro paredes*].

Centrifugado de cronotopos
el ojo de una lavadora alegórica.

Fuerza que llega al límite, expande al lenguaje con suma violencia
y luego lo contrae. Acontecen millones de millones de ensambles
microscópicos a la vez.

Entre ellos, los de las sílabas *ca* y *sa*
diamantinas fonéticas
que expiden labios regados por todo el mundo.
Casa:
balbuceo, los niños señalan el misterio del aquí.
Casa:
precipitación adolescente de un repetitivo registro de soledades.
Casa:
en los sistemas de preocupaciones adultas es una grapa
hincada en su estampa de la realización
junto a las del éxito, hipotecas, angustia, por ejemplo.

Anfibología:
La tierra vertical llamada vulgarmente
pared
reclama su asiento prioritario. ⌈Pienso en muros
historia, economía, geopolítica, sociología,
vecinos, un cuadro espantoso de una corteza cerebral formada por
⌊habitaciones].

Casa:
gracia que suministra el poder falaz
del *yo en el mundo*
del *yo ante el mundo*
del *yo contra el mundo*
y entre sus consecuencias dota de preponderancia
a las montañas de trastes grasientos
a las ventas de pantallas de televisión
a las tuberías rotas
a las hornillas encendidas
a la diosa de las grietas
esa que habla a rechinidos de las tres de la madrugada
o toca tras la ventana cuando deja de llover
como ahora.

*Una tarde pudo comprender una poesía; era como si alguien, sin querer, hubiera dejado una puerta abierta y en ese instante ella* [María, una mujer a quien su marido ha dejado por una muñeca] *hubiera aprovechado para ver un interior. Al mismo tiempo le pareció que el empapelado de la habitación, el biombo y el lavatorio con sus canillas niqueladas, también hubieran comprendido la poesía; y que tenía algo noble, en su materia, que los obligaba a hacer un esfuerzo y a prestar una atención sublime.*

Felisberto Hernández

## Sobre el autor

**Ismael Glaf (CDMX, México)**

Cuentista y poeta. Autor de *Estampas de aire aterciopelado* (Palabra Herida, 2022). Estudió las licenciaturas en Ciencias de la Comunicación y Lengua y Literaturas Hispánicas, en la UNAM. Acreditó diplomados (INBAL, SOGEM, UNAM, SEXTO PISO) relacionados con la escritura creativa y la edición literaria. Trabaja en el sector de las telecomunicaciones. Ha publicado en antologías universitarias, así como en revistas nacionales e internacionales.

Abril 2024
Impreso en Buenos Aires,
Buenos Aires Poetry
www.editorialbuenosairespoetry.com

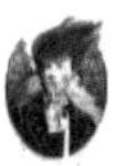

9 789898 784707 64